AF596047

LE TOCSIN
MARITIME.

LE TOCSIN MARITIME

CONTRE la prétention des rois d'Angleterre, à l'empire de la mer.

multa paucis.

PAR PONCET DE LA GRAVE, ancien Magistrat, citoyen de Calais; par lettres d'honneur, ci-devant de plusieurs Académies, auteur de l'histoire de la marine et de l'histoire générale des descentes maritimes, tant en France qu'en Angleterre, etc., etc.

OUVRAGE DÉDIÉ A LA NATION FRANÇAISE.

Qui mare in navibus descendunt, facientes operationem in aquis multis ipsi viderunt opera ejus, et mirabilia in profundo. Psal. 106.

A PARIS,
Chez MOUTARDIER, Imprimeur-Libraire,
Quai des Augustins.

An IX. — 1801.

DISCOURS PRÉLIMINAIRE.

Français, vous avez conquis votre liberté individuelle; vous avez assuré la libre et tranquille propriété de vos biens; la victoire a constamment suivi vos drapeaux; vous avez réduit vos ennemis à vous demander la paix; votre générosité vous a fait arborer l'olivier; vous triomphez sur le continent; par vous se sont formées des républiques libres et indépendantes. Croyez-vous avoir parcouru une carrière aussi brillante, pour vous endormir sur vos lauriers. Détrompez-vous, vous n'êtes encore qu'à la moitié de votre course, vous avez encore à vaincre un ennemi puissant, un ennemi d'autant plus redoutable, qu'il est brave, entreprenant, et se prétend le souverain de la mer; veut vous imposer des lois sur cet élément, anéantir votre commerce nautique et exiger que honteusement vous baissiez votre pavillon devant le sien. Si vos cœurs et vos corps s'amollissent dans le sein d'une molle oisiveté ; si vous vous livrez au sommeil du luxe et de l'inaction, votre réveil sera terrible, humiliant. Réduits au commerce de terre, la république française que vous avez fondée du sang le plus pur de la nation, penchera bientôt vers sa ruine. Vous ne serez qu'une puissance très-secondaire, votre commerce une faible ressource pour votre félicité et celle de vos descendans. C'est le commerce maritime qui doit former votre plus puissante richesse, votre prospérité, votre ressource la plus assurée, la plus nécessaire, la seule qui puisse rétablir vos finances épuisées, et vous mettre en état de rivaliser les puissances maritimes, rétablir l'équilibre détruit par la fière Albion. La liberté des mers peut seule fonder votre félicité, soutenir votre commerce nautique, assurer votre bonheur.

L'Angleterre se prétend souveraine de la mer, elle anéantit votre navigation, enlève vos gargaisons et vos gens de mer, prend vos vaisseaux de guerre et vos navires marchands; et sur quoi fonde-t-elle cette souveraineté, ses pirateries? Sur un prétendu titre, dit-elle, déposé dans la tour de Londres; sur une prétendue convention entre Philippe-Le-Bel et Edouard Premier, roi d'Angleterre, comme si en supposant même l'existence de titre, les rois simples usufruitiers, et grevés d'une substitution perpétuelle, pouvaient engager leurs successeurs et une nation non intervenante dans ce prétendu traité. Envain un auteur anglais, Thomas Rivini, *lib.* 3, soutient-il que cet acte a été consenti par tous les potentats, *christiani orbis accedente consensu*, en faveur d'Edgard, l'un des souverains anglais. Ce qu'il ajoute détruit en même temps cet empire, en déclarant que c'était une récompense qui fut accordée au prince, pour avoir purgé la mer des pirates. *Sed isto tamen veluti pignore maris imperium ipsis quorum intererat ultrà tradentibus sibi desponsabat.* Empire momentané, parce que *quod quum singulis quibus regnabat ab omni præterquàm à ventis periculo immune et à latronibus omni portu tutius præstitit.* Vous verrez dans le cours de cette histoire, que cet empire a successivement été possédé par d'autres souverains, pendant des époques déterminées suivant le degré de leur puissance sur mer; levez-vous à la hauteur du nom français, avec un chef tel que Buonaparte, humiliez ces fiers insulaires; que la moitié de vos bras victorieux défendent nos frontières; que l'autre monte sur nos vaisseaux. Allez contraindre les Anglais à laisser les mers libres à toutes les nations; allez leur dicter des lois jusque dans leurs foyers, alors seulement vous serez heureux, la coalition du Nord secondera vos efforts. Réunissez-vous à ces braves, contribuez à la félicité de toutes les puissances maritimes, par la liberté des mers, et que les Anglais détrompés, revenus de leur rêverie politique sur le domaine de la mer, conviennent volontairement ou de force, qu'il ne peut appartenir à aucune puissance particulière, sans le consentement universel de toutes les nations, qui n'a jamais été donné à l'Angleterre, contre le principe invariable de la liberté de la mer commune à tous les hommes, conformément au droit des gens et de la nature.

Pour que la victoire couronne d'un succès éclatant une si glorieuse entreprise, il ne suffit pas d'avoir du courage, de la valeur, la guerre maritime exige bien d'autres talens. Il faut d'abord se familiariser avec la mer, ce terrible élément en impose aux plus braves; les dangers y sont bien différens de ceux d'une guerre sur le continent; les maladies y sont plus fréquentes, les périls plus imminens; il faut que les troupes de débarquement se familiarisent avec la mort, vaincre ou mourir est la devise des troupes de mer. Je pense donc que pour former des hommes à ce métier, il faut les exercer sur la plaine liquide, et imiter les Romains, ces fiers républicains, ces conquérans du monde sur l'un et l'autre élément.

En effet, ces grands maîtres dans l'art de la guerre de terre et de mer tenaient continuellement leurs troupes en haleine pour les familiariser avec la mer. ils n'attendaient pas quils eussent des ennemis à combattre pour discipliner leurs soldats et les enhardir aux combats; la navigation faisait partie de leurs divertissemens publics; ils amusaient les spectateurs par l'image d'un combat naval, et distribuaient des prix aux meilleurs rameurs, à ceux qui faisaient mieux les manœuvres, à ceux enfin qui montraient le plus de talens pour l'attaque et la défense de leurs bâtimens de mer. Ces jeux dignes des Romains leurs donnaient une parfaite intelligence de la marine de leur temps et l'art de la faire servir à leurs victoires maritimes, à l'aide du *Corvus*, machine qu'ils inventèrent pour accrocher les vaisseaux ennemis, et ils acquirent par ces exercices une si grande supériorité sur les Carthaginois, qu'ils furent bientôt aussi invincibles sur mer qu'ils l'étaient sur la terre. Pourquoi de semblables exercices n'ont-ils pas lieu en France ? La manœuvre navale nous serait bien aussi utile que les exercices de terre. Pourquoi, en temps de guerre, les puissans du siécle, les parvenus, engraissés du sang du peuple, n'arment-ils pas des corsaires de mille tonneaux pour seconder notre marine militaire, et servir dans l'occasion de vaisseaux de transport pour les descentes ? C'est que dans ce siècle de frivolité, on dissipe follement son argent à entretenir des courtisannes, à des fêtes, à des festins, qui humilient le peuple, partie la plus importante d'une république; un seul coup - d'œil sur cette classe d'hommes suffit pour les rendre vils et méprisables.

Oh Français! oh ma patrie! si le gouvernement n'arme pas son bras de sévérité, s'il ne réprime pas les abus, ils s'enracineront, amolliront les hommes destinés par état à la défense de nos foyers; alors, on adressera ces paroles effrayantes aux Français : Tremblez sur le sort d'Athènes et de Rome, vous ne tarderez pas à devenir comme ces deux républiques, les victimes de votre inertie, de vos dissipations scandaleuses, de votre luxe, de votre mollesse, et l'ennemi vigilant vous surprendra dans le sein de vos honteuses voluptés.

Pénétrez-vous bien, mes chers compatriotes, que la plus assurée des barrières de notre république est la mer; que c'est sur cet élément que se frappent les grands coups d'état; que c'est le courage des citoyens, leur bravoure, leur justice et leur population qui sont la vraie richesse d'une république. Montrez-vous, vous ne manquerez ni de matelots ni de vaisseaux; la valeur française se fortifiera à la vue de la chaîne des disgraces qui va nécessairement accabler la fière Albion. Une paix honteuse sera le prix de son ambition, de ses brigandages. Avec l'honneur de la Grande-Bretagne s'évanouira la considération que les nations avaient pour elle. Un éternel affront lui sera imprimé, vil jouet de ses ennemis; et humiliée par les puissances, elle souffrira les agonies d'un orgueil expirant; le peuple anglais détestera un gouvernement marqué par tant de disgraces, et rougira d'être descendu de ces Bretons que le milieu du dix-septième siècle vit naître, et qui aura si mal soutenu l'honneur de leur nation. Imitez les Romains, ces braves républicains, qui par leur position ayant moins besoin que nous de forces navales, travaillèrent cependant à se rendre aussi redoutables sur mer que par terre. Leur succès égala leur industrie et leur noble émulation. Ce peuple qui ignorait l'art de construire des vaisseaux, osa tenter le hazard d'un combat naval contre les Carthaginois qui jusqu'alors avaient dominé sur la mer, leur élément aussi naturel qu'aux Anglais, ils réussirent, et la victoire couronna leur valeur et leur audace. C'est un prodige pour lequel nous sommes encore, après tant de siècles, pénétrés d'admiration.

Le commerce de l'Angleterre et sa puissance navale se sont accrus prodigieusement aux dépens de la France ; il ne doit son accroissement et son immense étendue, qu'aux progrés de l'industrie et à l'infatigable activité de cette nation. La guerre qui est un obstacle au négoce des autres peuples en a ouvert de nouvelles sources aux Anglais. La supériorité de leur marine a écrasé celle des Français, leurs grands rivaux dans ce commerce ; et ce commerce nautique, plus florissant que jamais, les met en état de fournir à toutes les dépenses énormes qu'exige la guerre. Cet avantage ne peut cesser que lorsque la France aura la force et le courage de rétablir sa marine, de l'augmenter en proportion de celle des Anglais. Devenus des rivaux redoutables, les Français feront à l'Angleterre une guerre maritime active et des invasions multipliées qui formeront, de ces insulaires audacieux, des départemens français.

Oh mes compatriotes ! pouvez-vous voir, sans une noble émulation, ces fiers insulaires employer annuellement pour leur commerce, plus de huit mille vaisseaux dont le produit formant des fonds d'amortissement excède annuellement trois millions de livres sterlings ?

Français, réveillez-vous de votre assoupissement, imitez les Phéniciens, les Carthaginois, Venise et la Hollande ;

pénétrez-vous fortement que quiconque domine sur la mer est infailliblement maître de la terre; que le commerce maritime, en procurant de grandes richesses et d'excellens marins, met tout Etat à même de le faire librement et avec sûreté. Vous m'objecterez, sans doute, que nous n'avons ni une assez grande quantité de vaisseaux de guerre, ni des navires marchands. Je répondrai à cette objection lorsque j'aurai démontré que la prétendue souveraineté de la mer, que l'Angleterre s'arroge, est une vraie chimère fondée seulement sur ses forces navales, et que le seul moyen de la faire disparaître, consiste à opposer des forces égales à leur marine. Passons donc à la discussion de leur prétention à l'empire de la mer, et aux preuves de la futilité de leurs moyens pour l'établir.

LE TOCSIN MARITIME.

Moyens et Principes sur lesquels les Rois d'Angleterre se fondent pour établir les preuves de leur prétendue souveraineté de la mer.

Les rois d'Angleterre prétendent avoir le domaine de la mer ; ils veulent en étendre les limites jusques en Amérique, avoir la pêche exclusive dans les mers, et être fondés à exiger le salut du pavillon par toutes les nations, dans l'étendue de ce domaine. J'ai déjà démontré l'absurdité de ce prétendu droit et l'illusion des moyens employés par *Selden*, pour autoriser cet empire imaginaire, dans mon histoire générale des descentes maritimes, tant en France qu'en Angleterre ; je vais corroborer les moyens déjà employés, par de nouvelles preuves, après que j'aurai préalablement exposé le sentiment de cet auteur soudoyé par les Anglais, pour essayer d'établir cette prétention chimérique.

Pour parvenir méthodiquement au développement de cette prétendue souveraineté des mers, dont les rois d'Angleterre se décorent comme d'un apanage inhérent à leur couronne, & que leur auteur *Selden mare clausum* cherche à établir par tous les moyens les plus captieux, je crois devoir d'abord examiner

Premièrement ce que les souverains de la Grande-Bretagne entendent par les mers britanniques.

Secondement en quoi ils font consister leur prétendu empire sur ces mers.

Troisièmement, enfin, d'où procède ce droit qu'ils se sont arrogés pour établir cette souveraineté dont *Selden* met en fait qu'ils ont toujours joui.

D'après la prétention des rois d'Angleterre, examinons ou plutôt établissons méthodiquement ce qu'ils appellent leur souveraineté sur les mers britanniques, et l'étendue de ces mers. *Selden* en fait l'énumération ainsi qu'il suit :

1°. Toute la partie de la haute mer ou de l'océan qui environne l'île de la Grande-Bretagne, qu'il appelle l'Océan Britannique et qu'il divise en quatre parties, suivant les quatre points cardinaux de la boussole, lesquelles sont comprises et désignées sous le nom des quatre mers Britanniques, raison pour laquelle, continue cet auteur, quelques-uns des anciens monarques Saxons qui ont règné en Angleterre, prenoient le titre de *Bazileux quatuor marium*, rois ou empereurs des quatre mers.

2°. Vers l'Orient, dit *Selden*, est l'Océan germanique appellé communément Septentrional, mais que les Danois et les Suédois, et les autres peuples du nord appellent Océan occidental. Il est borné par les rivages opposés à la Grande Bretagne, savoir : ceux des Pays-Bas, de l'Allemagne, du Dannemarck et de la Norwege.

3°. Du côté du Midi, il place l'Océan britannique, nommé ainsi selon lui par Ptolomée, dont une partie est appelée communément le *Channel*, en français, la Manche qui sépare l'Angleterre de la France de ce côté-là, dont les limites s'étendent aux côtes opposées de la France à celles d'Espagne, jusques au cap Finistère et à une ligne imaginaire tirée de ce cap, selon le même parallèle de latitude, aux limites qui sont à l'Ouest. Ainsi, selon *Selden*, cet Océan comprend cette partie des mers britanniques qui composent la Manche, la partie des Biscaies et une partie de l'Océan atlantique.

Pour étayer ce fait, *Selden* invoque l'autorité de *Mola* dans son traité *de statu orbis*, *lib.*

2, *cap.* 3, qui, parlant de la mer britannique, dit qu'elle s'étend jusqu'à la côte septentrionale de l'Espagne, et le géographe arabe *Clim*, quatrième partie, qui rapporte que l'Andalousie (Les Arabes comprennent sous ce nom toute l'Espagne) est baignée au nord par la mer anglaise, et ajoute qu'il y a neuf journées de Tolede à Saint-Jague qui est une place dit (Chimal, 5e. partie) située sur un promontoire des mers anglaises.

3°. A l'Occident est (dit le même auteur) la mer qu'on appelloit autrefois l'Océan *Vergivien*, et maintenant la mer *Deucalidonnienne*, parce qu'elle baigne les rivages d'Ecosse. Quant à la partie de cette mer qui divise l'Angleterre d'avec l'Irlande, il la nomme la mer d'Irlande, et autrefois *la Vallée Scithienne* et maintenant le canal de St. Georges, le reste de cette mer étant nommé mer occidentale et atlantique.

4°. Enfin, la quatrième mer britannique située au nord, est la mer qui était anciennement connue sous différens noms d'Océan Hyperboréen, de Calidonien, et qu'on appelle à présent la mer d'Ecosse dans laquelle sont situées les Orcades, Thulé et autres Iles.

Les rois d'Angleterre ne bornent pas leur prétendu empire des mers à ces quatre parties. Selon eux les véritables limites des mers britanniques, du côté de l'ouest et du nord, sont généralement fixées par une ligne tirée de la ligne imaginaire qui s'étend depuis le Cap Finistère, à 23 dégrés ouest de longitude de Londres, jusqu'à 63 dégrés de latitude; et par une autre ligne de parallèle de latitude, jusqu'au milieu de la terre appellée *Vanstaten*, en Norwège, et par ce moyen ils comprennent à l'ouest cette partie qui renferme l'Océan Atlantique et la Mer Irlandaise ou le Canal de St. Georges. Car autrefois, (dit Selden,) Albion et l'Irlande étoient connus sous le nom d'Iles Britanniques, et au nord, celle qu'on appelle Calédonien ou Mer d'Ecosse.

A l'ouest et au nord, ajoutent les Anglais, on pourroit dire que ce domaine de l'Angleterre sur les Mers Britanniques s'étend bien au-delà des bornes ci-dessus assignées par Selden. Le grand Océan occidental et le septentrional s'étendent tellement en latitude, que d'un côté ils ont jusques aux côtes de l'Amérique, et de-là jusqu'à celles de Goërland et autres contrées plus éloignées qui ne sont pas encore connues, mais qui peuvent être comprises sous le nom de Mers Britanniques, d'où il faut conclure que les rois d'Angleterre ont les droits les plus complets sur ces deux mers, bien au-delà des limites du nom Breton; car il est certain, dit *Selden*, qu'ils les étendent jusques aux terres nouvellement découvertes et aux parties adjacentes de l'Amérique septentrionale, en vertu de la découverte et de la prise de possession faite par Sébastien *Chabot*, au nom du roi Henri VII, et encore en vertu de la possession plus pleine qui en a été faite par *Hambphry*, pour la reine Elisabeth; et du côté du nord, jusqu'aux côtes de Goërland, en vertu du même titre de première découverte faite pour Edouard VI, par *Hugh Willoughby*, de la pleine possession de ces côtes, et de la découverte de leur aptitude à la pêche de la baleine, que la compagnie Moscowite de l'Angleterre a faite au nom de la reine Marie et de la reine Elizabeth, d'où les rois d'Angleterre tirent la conséquence que les autres nations maritimes leur doivent, dans l'étendue de ces limites, tous les respects attachés à la souveraineté.

6°. *Selden* ajoute que l'empire des mers, en faveur des rois d'Angleterre, consiste dans le droit de propriété exclusive sur ces mers, tant par rapport à la navigation, que par rapport à la pêche, prétentions qui de tout temps ont éprouvé des contradictions qui ne peuvent avoir d'autre fondement que la force et non le droit imprescriptible de tous les hommes, de naviguer sur ces mers, à l'exclusion néanmoins de la distance des côtes maritimes des souverains d'une portée de canon.

En effet, d'un côté l'anglais *Selden*, dans son fameux traité intitulé *Mare clausum*, entrepris sous Jacques Premier, achevé et publié sous son successeur, a soutenu l'affirmative de la souveraineté des mers des monarques anglais. Il a prétendu la prouver et la démontrer jusqu'à l'évidence, par les lois divines, naturelles et civiles. *Grotius* même, selon les rois d'Angleterre, qui a fait les derniers efforts pour s'opposer à cette souveraineté, dans son *mare librum*, en convient dans son traité *de bello et pace*, *lib.* 2, *cap.* 3, *sectio* 2, en disant, lorsqu'il parle de la pleine mer, qu'il ne suffit pas qu'une nation soit en possession des Côtes, pour prétendre un droit et un titre suffisant de propriété de la mer voisine. Pour former de pareilles prétentions, ajoutent les rois d'Angleterre, ce n'est point assez de se repaître d'imaginations et de prendre le titre de roi de la mer, il faut de plus être en état de montrer qu'on l'est par quelque acte actuel et extraordinaire. Cela signifie certainement, dit Selden, (et il avance une absurdité) que la seule occupation ou possession de terres voisines n'est point un argument suffisant pour prouver la souveraineté de la mer ; mais qu'il faut de plus en avoir l'usage et la jouissance actuelle et particulière, et y exercer tous les actes de souveraineté, (il falloit ajouter sans contradiction) comme prescrire des règles de navigation à ceux qui les fréquentent ; punir les délinquans, protéger les autres, y percevoir tous les fruits et tous les émolumens qui sont dûs à tous les légitimes souverains. Or, disent les Anglais, il nous est facile de prouver que nos rois ont exercé tous ces droits comme souverains de la mer.

1°. Pour prouver que les rois d'Angleterre ont tous les titres qui constituent cette souveraineté, Selden pose en fait qu'ils ont en leur faveur, 1°. la prescription ; 2°. les lois communes de l'Angleterre ; 3°. des anciens titres inexpugnables ; 4°. l'histoire authentique ; 5°. les traités et reconnoissance des autres princes ; 6°. une possession et disposition continuelle ; 7°. l'exemple des autres États. Au lieu de rapporter les titres à l'appui de ces positions de faits avancés, les Anglais se persuadent qu'on les en croira sur leur parole, et se contentent de discuter le premier ; et sentant la foiblesse des autres, ils glissent, pour ainsi dire, sur la preuve des six autres, et renvoient à l'ouvage de *Selden*, *mare clausum*, comme si toutes les puissances, toutes les nations devoient adopter aveuglément le systême erronné d'un seul auteur soudoyé par l'Angleterre.

Pour ne pas être accusé d'écarter de leurs preuves celle sur laquelle ils fondent plus puissamment et plus péremptoirement la souveraineté de leurs rois sur le domaine de la mer, je vais la rapporter en son entier.

Les Anglais s'appuient de l'autorité des commentaires de Jules César, parce qu'il en parle, disent-ils, dans son ouvrage *de bello gallico*. S'ils étoient de bonne foi, ils conviendroient que cet empereur ne parle nullement de leur empire sur la mer, que ce grand homme n'a même jamais soupçonné. Il dit seulement que les habitans de cette île ne laissoient pas approcher de leurs côtes, même les marchands, sans leur permission expresse, parce qu'ils craignaient d'être subjugués, ce que ce grand homme exécuta cependant en partie. Les Saxons, et ils en conviennent, leurs enlevèrent par la suite ce prétendu empire de la mer; et treize cents ans se sont écoulés sans que les rois d'Angleterre puissent rapporter aucune preuve du rétablissement de ce prétendu droit. Ce n'est que sous la date de l'an 1299, qu'ils argumentent d'un acte qu'ils disent être conservé en original dans la tour de Londres, par lequel Philippe Le Bel, roi de France, reconnut cette souveraineté en faveur d'Edouard Premier, roi d'Angleterre, et conséquemment, ajoutent-ils, la supériorité du pavillon anglois. Quand cet acte existerait, (ce dont les Français n'ont garde de convenir) il n'en résulterait rien en faveur de la souveraineté sur les mers, des rois d'Angleterre, parce que le royaume de France, jusqu'à Louis XVI inclusivement, étant un état monarchique, grevé d'une subſtitution perpétuelle, Philippe Le Bel, simple usufruitier, n'aurait jamais pu, en supposant encore un coup l'existence de cet acte, stipuler que pour lui et la durée de son règne, et n'auroit pu lier par une reconnaissance honteuse, ni ses successeurs rois, ni la nation française, et encore moins toutes les puissances maritimes qui ne sont pas parties dans cet acte.

J'oppose d'abord à cet acte, en supposant néanmoins son existence, une réponse bien plus récente de la reine Elizabeth, de 1580, dont le règne a illustré l'Angleterre. Certainement cette reine d'un grand génie et qui connaissait parfaitement les droits de sa nation, n'a rien hasardé sur une question auſſi importante : voici, comme elle s'exprime dans sa réponse à *Mendorsa*, envoyé du roi d'Espagne, qui étoit venu à Londres auprès de cette reine pour se plaindre de ce que les vaisseaux anglais s'avisaient de naviguer sur les mers des Indes. Cette princesse, au lieu d'opposer à la plainte du roi d'Espagne sa prétendue souveraineté des mers, répondit à *Mendorsa*, en ces termes : « qu'elle ne voyait » point de raison qui peut l'exclure elle et d'au» tres nations de la navigation aux Indes, puis» qu'elle ne connaissait à l'Espagne aucune » prérogative à cet égard, et bien moins » encore le droit de prescrire des lois à ceux » qui ne lui étaient tenus d'aucune obéissance, » ou de leur interdire le commerce ; que les » Anglais naviguaient sur l'Océan, *dont l'usage,* » *tout comme celui de l'air, était commun à* » *tous les hommes, et qui par sa nature même* » *ne pouvoit tomber en la possession et sous la* » *propriété de personne. Voyez cambd in vita* « *Elizabetha, ad annum* 1580. »

Je ne me déguise pas, en opposant cette réponse bien positive à l'acte ci-dessus présumé, passé entre Philippe le bel et Edouard premier, que cette reine a assurément bien senti qu'il y avait des exceptions à cette règle générale qu'elle opposait au roi d'Espagne, et qu'elle n'entendait par la liberté indéfinie de naviguer qu'en pleine mer, et non sur les côtes des souverains dont les terres adjacentes à la mer s'opposent qu'on navigue hors de la portée de leur canon ; mais aussi qu'elle ne s'arrogeait pas le droit prétendu de ses prédécesseurs à l'empire et souveraineté des soit disant mers Britanniques ; dont elle connaissait parfaitement l'illusion, que la fière Albion voudrait cependant réaliser ; mais que je combats contre l'opinion de Selden, refutée victorieusement par Grotius. Ces deux auteurs, qui ont percé dans les abîmes les plus profonds de la nature et des gens ; déploient toute la force de leur génie sur cette matière, l'un en soutenant que la mer est fermée, *mare clausum*, dans toutes les mers qu'ils appellent Britanniques, et l'autre qu'elle doit être libre à tous les navigateurs *mare liberum*, ayant coulé la question à fond ; il doit paraître surprenant que je me hasarde à discuter la même question ; on peut même m'accuser de témérité, mais que ne peut l'amour de la patrie ? D'ailleurs, ces deux auteurs ayant écrit leurs ouvrages en latin, qui ne sont pas à la portée de tout le monde, le peuple ne peut en entreprendre la lecture parce qu'il ne connaît pas cette langue, et c'est pour le peuple que j'écris un abrégé de l'état de la question, qui lui sera plus utile ; il enflammera leurs cœurs, ils voleront en connaissance de cause, aux combats pour détruire cette prétendue souveraineté des mers, injurieuse à la nation Française; elle a déjà coûté bien du sang dans la guerre de Hollande contre l'Angleterre; il est temps, enfin, d'opposer la force à la force, et de faire disparaître sans retour une prétention aussi chimérique, qui ruine notre commerce nautique, ainsi que de réprimer et d'humilier la fière Albion en la concentrant dans son île.

Je dois cependant convenir relativement aux exceptions ci-dessus; quant au rivage de la mer, qu'elles forment le rempart des propriétés térritoriales de chaque puissance maritime, et qu'il est constant qu'elles appartiennent comme accessoires au souverain du pays. Les raisons en sont, 1°. parce qu'il est en état d'en prendre possession quand il veut, et de s'y maintenir par le moyen des batteries et des forts; 2°. parce que les eaux de cette mer servent de rempart à ses terres; en effet un tel rempart vaut bien mieux que celui de l'ancienne Allemagne, qui consistait selon César, en vastes déserts et en terres inhabitées, quoique les Germains tinssent même à grandeur d'en être environnés, d'où je conclus que la mer étant libre à tout le monde, une navigation paisible, même le long des côtes, doit être per-permise à tous les navigateurs, à moins que quelques souverains ne soient liés par des traités prohibitifs, en faveur d'une ou plusieurs nations, pour que nuls autres ne puissent approcher de ses côtés pour faire le commerce avec ses sujets.

En effet, si en remontant à la première origine du monde, il faut nécessairement avouer que la terre était au premier occupant, avant que les familles et les nations se trouvant assez voisines pour se disputer le terrain, et que comme celles d'Abraham et de Loth, elles fussent contraintes d'aller l'une à droite, l'autre à gauche, afin de faire paître plus aisément leurs troupeaux, et nourrir leurs esclaves. La mer sujète a des agitations violentes, et sur laquelle on n'osait s'exposer par la crainte du naufrage, n'a été contestée par personne pendant un grand nombre de siècles. La navigation se faisait en cotoyant le rivage, et les peuples qui s'enrichissaient par le commerce, laissaient une pleine liberté à toutes les nations d'envoyer leurs flottes, chercher de l'or et des marchandises dans les pays éloignés. Mais comme les profits de la navigation sont devenus avec le temps très-considérables, les hommes se sont disputés l'eau comme la terre, et ont prétendu se rendre maîtres d'une certaine étendue de la mer. La première dispute s'éleva sur le rivage, et même Horace introduit les poissons qui gémissent de ce qu'on resserre leur domicile en jettant des molles au-delà du rivage. *Contra pisces et æquora sentiunt factis in altum molibus.*

Indépendamment de l'entousiasme poétique, on sait que ce n'était par un usage ordinaire de se donner une certaine autorité, et si l'on peut le dire, une certaine étendue dans la mer au-delà des terres; cependant les rois se sont rendus les maîtres de faire des jettées dans là mer sur les bords de leur territoire. Les anciens jurisconsultes ont varié sur cet article, car *Celsus* distingue entre la mer et le rivage, et soutient que le rivage appartenait aux Romains lorsqu'ils les avaient conquis, mais que la mer était commune à tous les hommes; on voit néanmoins dans les Basiliques, une loi qui porte que le rivage appartient à tous; mais il est certain que dans la suite des temps, les princes se sont tellement approprié le rivage de la mer, que non - seulement les pêcheurs ne peuvent bâtir des cabanes sans leur permission; mais encore qu'ils se sont réservés le droit de gravage. C'est ainsi qu'on appelle la dépouille d'un vaisseau qui échoue ou fait naufrage, et dont la mer pousse le chargement ou le bâtiment sur le sable, s'il.

n'y a point de réclamation dans l'an et jour. Enfin on a fait des ports et bâti des citadelles, sur ces ports, soit afin de les défendre contre les invasions des ennemis, soit afin de percevoir avec plus de sûreté les droits d'entrée et de sortie des marchandises ; delà sont venus les différens tarifs dont l'usage était peu connu des anciens.

Si les Romains ont eu leur *portoria*, leurs droits de port, ils furent abolis pendant la république, et ce ne fut que sous les empereurs qu'ils furent rétablis. Si les Anglais alléguoient que les Hollandais ont bâtis des forts aux Indes, et des citadelles à l'embouchure des rivières, pour empêcher l'étranger d'y trafiquer, ce qui est une reconnoissance formelle d'une autorité, ou souveraineté, ou d'empire, sur les bords de la mer aussi bien que sur les rivières ; on leur répondrait qu'un abus, une usurpation n'en justifie ni n'en autorise pas une autre. Les Hollandais avoient sans doute une raison de le faire ainsi, à l'instar des autres puissances qui ont voulu mettre leurs côtes à l'abri de toute surprise, sans pour cela établir en leur faveur un empire sur la mer.

En effet, les vaisseaux qui côtoient le rivage de trop près, ont donné souvent de l'ombrage aux souverains, et causé des contestations, parce

parce que ces vaisseaux tiennent les habitans des côtes dans l'inquiétude des descentes sur leur territoire, et qu'ils craignent la surprise : raison pour laquelle les Carthaginois dans leur premier traité avec les Romains, convinrent que leurs navires ne passeroient pas au-delà du promontaire appelé *le Beau*. (On ne convient pas de sa situation.) Car la plus grande partie des géographes soutiennent que c'est celui de Mercure, auprès duquel Scipion débarqua, à cause du présage du nom qui lui paroissait heureux ; mais Polibe qui rapporte ce traité de paix, place ce promontoire au nord de Carthage, au-dessus de cette ville. *Ne Romani Romanorumque socii navigatio ultrà promontorium. Lib.* 2 *cap.* 22, et dans le chapitre suivant du même livre 2, il dit : *pulchrum promontorium vocatum quod ultrà Carthaginem ad septentrionem ;* afin de lever la difficulté, il faut nécessairement dire que c'étoit celui d'Apollon, auquel on a pû donner le titre de beau, qui convenoit mieux à ce dieu qu'à Mercure. Il est situé au nord et au-delà de Carthage, et alors la précaution que les Carthaginois prenoient, d'empêcher les Romains d'aller au-delà de leur ville, était le fruit d'une sage politique, puisque si les vaisseaux des Romains avaient approché de trop près, ils auraient pû exécuter le dessein qu'ils avaient formé de la surprendre et de la détruire ; mais ce n'est pas de la part des Carthaginois prétendre à une souveraineté de cette mer, que les Romains n'eussent pas soufferte : c'étoit seulement l'effet d'une convention volontaire entre deux républiques.

Les autres nations ont souvent fait de semblables conventions, sans pour cela s'arroger l'empire de la mer. Les peuples qui habitoient les côtes de la mer Rouge, ne souffroient aux Egyptiens que certains vaisseaux très-longs, avec lesquels il était très-difficile de faire des descentes, ce qu'ils redoutoient le plus. Les Espagnols saisissent autant de vaisseaux qu'ils peuvent dans la mer du sud, pour troubler le commerce des autres nations ; mais pour cela ils ne se disent pas souverains de la mer ; ils veulent seulement par ce fait de la force, être seuls les maîtres du commerce dans cette partie de la mer. Mais les vaisseaux étrangers se trouvant quelquefois les plus forts, repoussent la force par la force, sans que pour cela il s'en suive une guerre ouverte : aussi est-ce contre le droit des gens et contre la liberté civile, de prétendre comme les rois d'Angleterre, d'empêcher les vaisseaux de naviguer librement, hors de la portée du canon de leurs forteresses, dans les mers prétendues britanniques.

Les souverains, dont les états aboutissent sur les rivages de la mer, dont les eaux entrent dans leurs terres, croient avoir un droit exclusif d'étendre leur empire d'un rivage à celui opposé, ce qui ne peut être toléré, qu'autant que le canon de leurs forts en peuvent défendre la navigation.

Ce fut une des magnificences de *Lucullus*, que de faire couper une montagne auprès de Naples, afin de donner un libre cours à la mer, pour battre les murailles de son château, et se considérer ensuite comme le propriétaire de cette étendue d'eau, qu'il avoit attirée sur ses terres avec une dépense prodigieuse. *Lucullus exciso monte juxta Neapolim, majore impendio quam villam ædificaverat Euripum, et maria admisit, quâ de causâ Pomeius Xercem Togatum appellabat. Pline Lib. 9, cap. 14.*

Outre l'exemple des particuliers qui ne forme point un droit, nous avons déjà remarqué que les habitans du bord de la mer Rouge, imposoient des lois aux Egyptiens sur leur navigation; les Athéniens firent la même chose à ceux de Lacédémone, en leur défendant d'équiper des vaisseaux qui pussent porter au-delà de cinq cents talens; le grand Seigneur ne laisse entrer dans la mer Rouge, que les vaisseaux de sa nation et de ses alliés. Les Vénitiens sont fort jaloux de leur empire sur la mer Adriatique, que le doge épouse tous les ans, avec une cérémonie badine, malgré toute la pompe dont on a grand soin de la relever.

Il est très-intéressant d'observer que nulle nation, d'après ces exemples particuliers, ne s'est jamais pour cela attribuée l'empire de la mer; et que ce n'est qu'à l'égard de ces bras de mer, étroits et renfermés dans les terres, qu'elles se sont arrogées une espèce de souveraineté, dont les anciens auteurs ont si souvent parlé. *Castor*, qui vivoit du temps de *Jules César*, dressa le catalogue de ceux qui avoient possédé cet empire imaginaire. *Eusebe* l'a inséré dans sa chronique, il mettait à la tête de ces souverains marins, les Phéniciens. Plusieurs peuples prétendirent ensuite à cet empire, comme les Lidiens et les Rhodiens, qui dressèrent un code de lois maritimes si sages, que les Romains les adoptèrent, malgré le profond mépris qu'ils avaient pour tout ce qui venait de la main des étrangers. Mais au fond, cet empire que plusieurs républiques s'approprièrent successivement, ne s'étendoient que sur la mer Ionième, depuis les îles de Candie et Rhodes, jusqu'aux rochers Cianés, que l'antiquité trop crédule, regardoit comme des pierres qui remuoient. *Transeat instabiles Cyaneas. Ovid. Hist. Lib.* 1. *C. L. G.* 1.

Une espèce de raison facilitoit l'établissement de cet empire imaginaire; ce qui semble l'autoriser, c'est que ces mers étant de moindre étendue, il était plus aisé de s'en rendre les maîtres et de tenir un certain nombre de vaisseaux armés qui coupoient le passage à ceux des autres nations. C'est aussi principalement dans la Manche et à cause du canal qui est étroit, que les anglais se sont attribués l'empire qu'ils se donnent, mais ils ne doivent pas étendre cet empire si loin, qu'ils ne paroissent posséder que par une autorité appuyée de la force et contestée par toutes les nations; empire qu'il est enfin temps de faire disparoître par les mêmes moyens qui soutiennent leur usurpation: il est d'ailleurs ridicule que de ce que je viens de dire ci-dessus ils veuillent en tirer la conséquence que le vaste Océan des eaux leur appatient, quoiqu'il doive être libre et commun à toutes les nations *qui mare, qui terras omni ditione tenerent.*

On assure qu'Auguste ferma le temple de Janus pour la troisième fois, après avoir pacifié la mer d'où les rois d'Angleterre qui ont succédé à ces vainqueurs de la Grande-Bretagne, prétendent tirer leur droit de souveraineté sur la mer, moyen d'une absurdité insoutenable; mais Auguste ne ferma pas le temple de Janus comme souverain de la mer, ni comme propriétaire de la navigation, mais parce qu'il l'avoit purgée des pirates; ce qui ne signifie pas qu'il se soit arrogé l'empire de la mer, et exercé, un souverain pouvoir en donnant des lois nautiques aux nations qui ne lui étoient point soumises, en empêchant les marchands d'y naviguer, en les arrêtant pour les visiter: on ne voit dans aucun endroit de l'histoire, qu'il ait obligé les peuples navigateurs à aucune soumission au territoire nautique ni à ses vaisseaux, pour faire baisser leurs pavillons devant les siens.

Il résulte des faits exposés ci-dessus, qu'il est faux que le droit du premier occupant puisse donner à aucun peuple l'empire absolu de la mer, qui est insusceptible de propriété. D'ailleurs, si le droit de premier occupant pouvoit donner à quelqu'un la propriété de la mer, le grand Seigneur en seroit probablement le maître en qualité de souverain de la Phénicie, dont les habitans ont été les premiers navigateurs que nous connaissions, à moins qu'on ne veuille dire que *Noë* a été le premier, au quel cas la propriété de la mer serait encore commune et le partage de tous les peuples de la terre, parce que suivant la relation de *Moïse*, ils ne sont tous que les descendans de ce premier marin. Mais il n'est peut-être pas permis de faire entrer en ligne de compte des raisons de cette espèce, quand on traite d'une matière non moins sérieuse qu'importante, qui d'ailleurs doit être traitée si clairement qu'elle soit à la portée des peuples de toutes les nations.

Pour que la mer ou son empire pussent être la propriété de quelque peuple en particulier, il faudroit que toutes les nations eussent renoncé au droit que l'égalité naturelle donne à tous les hommes, et que le domaine de cet élément devint le partage de ce peuple fortuné, du consentement de toutes les sociétés souveraines et de leur commun accord. Car il est sans doute libre aux souverains de faire passer cet empire avec le vœu de leurs peuples à une seule nation, ce qui lui donneroit un équivalant de la propriété, ou de la laisser dans l'état originaire de communauté, de sorte que l'usage n'en appartienne pas plus à l'un qu'à l'autre; dans le premier cas, le domaine de la mer deviendrait le partage d'un seul peuple, à l'exclusion de tous autres; mais alors ce serait par l'effet d'une convention ou d'un traité universel du genre humain et non pas en vertu d'un droit naturel. Dans le second cas, comme une telle convention n'a jamais existé, il s'en suit que le droit exclusif de naviguer sur l'Océan n'a tout au plus lieu que dans l'empire des possibilités, et que par conséquent la pleine mer est libre pour tous les hommes, et ne peut être le partage des rois d'Angleterre même sur les mers qu'ils qualifient de mers britanniques, qui n'ont et ne peuvent avoir aucun titre légal pour s'en prétendre souverains, ce dont la reine Élizabeth est convenue, et a établi en principe dans sa réponse à Mendorsa, ambassadeur du roi d'Espagne en 1580, par laquelle comme nous l'avons rapporté ci-dessus, elle déclare formellement et génériquement que *l'usage de la mer, tout comme celui de l'air est commun à tous les hommes et ne peut tomber en la possession et sous la propriété de personne.* Réponse et déclaration que les Anglais n'ont jamais critiquée et que l'histoire a consignée dans les annales de la Grande-Bretagne.

On peut conséquemment assurer que l'empire de la mer dont les rois d'Angleterre prétendent être en possession, n'est que l'effet de leur force maritime, d'ailleurs ils ne sont pas les seuls qui ont prétendu avoir cet empire, ou de certaines parties de la mer, puisque ce titre a été pris par tous les peuples ou souverains qui dans leurs temps ont vaincu et subjugué d'autres nations maritimes ou purgé la mer des pirates ; je pourrois en rapporter nombre d'exemples puisés dans la plus haute antiquité. Je me bornerai à quelques-uns pour prouver que dans tous les temps, les vainqueurs d'une nation maritime se sont qualifiés de maîtres de la mer.

Sans remonter au règne de Sémiramis, de Minos, des Grecs, de David, de Salomon, des rois de Tyr, ayant successivement eu l'empire de la mer par leurs victoires maritimes sous le roi *Strabobates*, les Athéniens ceux de Crette ; fixons nous aux Rhodiens, les plus grands navigateuts du monde alors connu, qui après avoir subjugué plusieurs nations, se rendirent maîtres de la mer, et firent des lois nautiques encore consultées à présent, mais ces lois n'avoient aucun rapport à l'empire de la mer, elles n'obligeoient aucun navigateurs à les suivre, elles n'exigeoient aucune soumission ni obéissance, ce qui le prouve, se trouve dans l'exposition du fait suivant.

L'empereur Antoine, répondant à une requête qui lui fut présentée par les matelots, patrons et marchands sur l'étendue des pouvoirs des

Romains, comme maîtres de la mer, leur répondit en ces termes qui annonçent bien la grandeur des Romains et la jalousie de leur domination :

Ego quidem mundi sum dominus, lex vero maris, lege Rhodia res nauticæ disceptentur quatenus ei nulla nostra lex adversatur. Pour moi je suis bien le maître du monde, mais la loi l'est de la mer, que les affaires de la marine se terminent par la loi Rhodienne lorsqu'elle ne se trouve pas contraire à aucune de nos lois.

Les Phrygiens après les Rhodiens tînrent l'empire de la mer pendant vingt-cinq ans; les Cipriots en furent les maîtres pendant 20 ans; les Phéniciens vinrent après et eurent la seigneurie de la mer; les Egyptiens succédèrent à cette prétendue seigneurie; après eux les Milésiens, les Cariens, ceux de Phocie, ceux de Corrathe, les Ioniens, ceux de Naxos, enfin les Eginètes, furent successivement les maîtres de la mer.

Eusèbe, et nombre d'autres après lui, disent que toutes ces puissances maritimes ont obtenu l'empire de la mer pendant un certain temps; mais cela ne se doit pas entendre comme si en effet ils se l'eussent tellement rendu propre, qu'il n'eût pas été permi aux autres nations de faire leur commerce ſans leur permission, et ſans rendre des devoirs d'obéissance, car cela eût répugné au droit de la nature & des gens; ils ont ſeulement voulu dire que le grand trafic de la mer a été tantôt à une ville et tantôt à une autre. Eusèbe ajoute que pendant le temps de l'empire de chaque nation il n'y avait point de pirates qui osassent la fréquenter, ces différens peuples tenant en mer des vaisseaux de guerre pour les prendre. Les marchands navigateurs, au contraire, étaient maîtres de naviguer en pleine liberté; aussi voyons-nous que lorſque Strabon, liv. 4, dit que la ville Rhodes fut long-temps maîtresse de la mer, ajoute incontinent, *domina erat maris et pirates sustulit*, qu'elle extermina tous les pirates comme voulant interprêter l'empire des Rhodiens sur la mer, et que la cauſe pour laquelle cette ville avait tant de crédit sur la mer, fût parce que elle était soigneuse de chasser les pirates; que la police de la navigation y était excellente; & lorsque ce même auteur dit que telle ville a eu l'empire de la mer, cela n'empêchait pas qu'il n'y eût en même-temps d'autres puissances fréquentant très-librement la mer : car, comme je viens de le dire, les Igenètes, au dire d'Eusèbe, *mane obtinuerunt annos* 20, *usque ad transitum Exercis ;* et toutefois nous apprenons d'Hérodote en sa Thalie, que Policrates, *primus est eorum qui maris dominium sibi adquirere in animum induxit præter Mionem Enosium*, fut le premier après Minos qui tâcha d'obtenir l'empire de la mer, ce qui répugnerait évidemment à tout ce qu'à dit Eusèbe de quinze ou vingt peuples ou villes qui avant lui avaient eu cet empire. Il faut donc dire, pour accorder ces passages, que l'empire auquel Policrates aspirait était une bonne police, et le désir de chasser les pirates sans y prétendre aucune autre seigneurie ; d'où il faut conclure que lorsque Démosthènes, en la troisième Philipique, dit que les Lacédémoniens dominaient sur mer, ou que Philippe, roi de Macédoine, fit son possible pour que les Grecs s'assujétissent à lui, & lui déférassent l'empire de la mer. Tout cet empire ne consistait qu'à être le chef de la marine, pour avoir à lui seul l'honneur de chasser les pirates, rendre la sécurité et la liberté au commerce maritime ; et il s'en faut de beaucoup que les Grecs songeassent à se rendre tellement maîtres de la mer, que d'autres navigateurs n'eussent la liberté d'y naviguer sans leur aveu. Aussi voit-on que l'orateur de Philippe parlant de sa part aux Athéniens, leur dit seulement ces paroles :

« Il est trop équitable que vous et lui employez
» vos forces pour chasser ceux qui font mal
» sur mer, et Philippe ne prétend de vous
» autre chose, sinon que vous lui donniez sur-
» intendance sur la mer, et que vous avouyez
» que vous ne pouvez défendre ni garder la
» mer sans lui. »

D'après tout ce que je viens de dire, il est constant que jamais aucune puissance n'a eu la souveraineté et domaine de la mer, dans le sens & l'application que les rois d'Angleterre prétendent en faire; et on peut assimiler leur prétendu empire sur les eaux, à celui des puissances dont je viens de parler, qui consiste seulement à en chasser les pirates ou forbans, et mettre en fait que les Anglais n'ont exercé ce droit de domaine sur la mer que par la force et le nombre de leurs vaisseaux. A quoi il est enfin temps de remédier par les mêmes voies; et pour y parvenir la république française doit avoir une marine formidable, ou au moins égale à celle des Anglais; avec elle le pavillon français sera respecté et le commerce libre.

Je traiterai ci-après cette partie importante de l'administration; je tracerai la route et les moyens de former cette marine, classer les matelots, former des hommes de mer, et porter la gloire du pavillons français au plus haut point d'honneur que la nation la plus formidable puisse parvenir.

Salut du pavillon français exigé par les rois d'Angleterre, et refusé par la France.

Le salut du pavillon est ou une reconnaissance de l'empire de la mer, envers celui auquel on le fait, ou une simple politesse, à condition que celui qu'on ſalue le rendra de même. Il y a plusieurs sortes de saluts de pavillon, savoir : de saluer de onze coups de canon, de la voix, des voiles et du pavillon; c'est ce dernier que les rois d'Angleterre exigent ou veulent exiger, & que les Français refusent.

Il y a aussi une autre forme pour le ſalut que le vaisseau passant sur les côtes d'un souverain donne aux forteresse; il y a aussi le salut en pleine mer entre les vaisseaux des différens souverains, et le salut des vaisseaux des particuliers aux vaisseaux de toutes les puissances. La manière de le faire entre les uns et les autres, et par les uns aux autres, ce que je développerai ci-après; mais je crois devoir avant établir l'origine du salut maritime.

Le pavillon est un étendard, une espèce

de bannière posée au haut du grand mat, lequel par sa couleur, figure ou situation, fait connoître la nation, qualité & grade de celui qui commande dans un vaisseau.

Cette coutume est fort ancienne, car de tout temps les Chinois en Orient, et toutes les nations Occidentales l'ont pratiquée ; elle a crut toutes fois aux expéditions de la terre sainte, (folie religieuse), pour distinguer les diverses nations les unes des autres, la France porte d'argent ou blanc sans aucun blason pour l'ordinaire. Nous lisons dans *Vegece liv.* 4. *c.* 37, que ceux de Vannes, tenant en mer des vaisseaux pour découvir les aventuriers, peignaient voiles, cordages et pavillons, de peur d'être découverts par la couleur blanche qui se voit sur mer de fort loin, et la couleur dont ils se servaient, s'appelait couleur des vannes pour la distinguer du blanc dont se servaient ordinairement tous les Gaulois.

Quant aux Romains, il est deux choses intéressantes à observer, l'une que les licteurs du préteur, tenaient leurs haches sur la proue du vaisseau amiral ; l'autre que rencontrant sur mer quelque commandant d'un vaisseau d'un plus haut rang, le commandant inférieur, qu'on appeloit magistrat de navire, abaissait son pavillon et ses licteurs abaissaient égalemens leurs haches; nous en avons un exemple notable dans l'histoire rapportée par *Apian*, qui nous apprend que lorsque le vaisseau amiral d'Antoine rencontra l'amiral de *Domitius Ornobardus*, Cassius amena et ploya devant le vaisseau de César, ainsi que le dit aussi *Dion liv.* 42 *et* 48.

Relativement au salut ou action de saluer entre vaisseaux de guerre de même rang ou vaisseaux des rois, c'est une déférence, un honneur qui doit se rendre sur mer, non-seulement entre les vaisseaux de différentes nations, mais encore entre ceux d'une même nation, lorsqu'ils sont distingués par le rang de ceux qui les commandent; ces respects consistent à se mettre sous le vent du vaisseau supérieur, à amener le pavillon, à l'embrasser et à faire les premiers, les plus nombreuses décharges d'artillerie pour le salut, à ferler quelques voiles, particulièrement le grand hunier, à envoyer quelques officiers à bord du plus puissant, et à venir mouiller sous son pavillon, selon que la diversité des occasions exige quelqu'unes de ces cérémonies; les vaisseaux marchands en particulier doivent saluer les vaisseaux de guerre; parmi les nations qui sont en concurrence, chaque vaisseau de guerre qui est sur la côte ou à la vue des

terres

terres de sa nation, reçoit le salut du vaisseau étranger et le lui rend ensuite; le vaisseau qui est au vent d'un autre est obligé de saluer le premier, voilà la règle générale; mais comme je n'entreprends pas de traiter ce qui concerne le salut de toutes les nations, mais uniquement du salut entier que les rois d'Angleterre veulent exiger des vaisseaux de guerre de la nation Française, sous le prétexte d'une prétendue souveraineté ou empire de la mer et que la France a constamment refusé, je me bornerai à démontrer que l'empire de la mer ne peut appartenir à aucune nation et notamment aux rois d'Agleterre. *Selden* dans son *mare clausum*, et *Grotius* dans son *mare liberum*, ayant chacun de leur côté passé les bornes; l'un en soutenantt indistinctement que les souverains n'ont point d'empire à exercer légitimement sur la mer, dont l'usage doit être laissé libre à toutes les nations, pour le commerce et la pêche; l'autre en soutenant, au contraire, aussi sans distinction, que la mer peut être assujétie au domaine d'un état souverain, avec le plein exercice des droits qui en dépendent; l'opinion mitoyenne que la raison et le droit des gens conseillent de prendre, est en adoptant le principe de *Grotius*, auteur espagnol, *mare est cujus, est terra cui adjacet*, qu'il faut entendre dans le sens naturel qu'il renferme sans lui donner d'extention, et pour cela fixer l'espace; on doit finir le domaine du prince sur la mer contigue à ses états : sur ce fait quelques auteurs, suivant *Loccenius de jure maritimo*, *lib.* 1. *cap.* 4. *n.* 6. *fol.* 39.; ont étendu le domaine du souverain sur la mer jusqu'à deux journées, à prendre du rivage; et sans m'occuper du sentiment de tous les auteurs, il faut se fixer, attendu l'incertitude des mesures ou distances proposées, de juger du domaine riverain de chaque état par la sonde et d'en assigner précisément les bornes à l'endroit où la sonde cesse de prendre fonds, de manière qu'hors la portée de la sonde, la mer soit reconnue libre pour la navigation et la pêche; et s'il arrivoit qu'entre deux états il y eut un bras de mer où l'on peut prendre fonds par tout, alors le milieu formerait le point de partage; c'est ainsi que le domaine de la mer peut être entendu, sauf les côtes tellement escarpées, qu'on n'y trouve pas le fond dès le bord; car, alors il faut étendre le domaine du souverain jusqu'à la portée du canon et non au delà. L'Océan n'est à personne, et il est permis conséquemment à toutes les nations d'y naviguer, sans connaître aucun empire, aucune souveraineté; mais il n'est plus permis de disserter sur ces distances, puisque par les traités de paix et de commerce elles ont été fixées à deux lieues de la côte, de manière qu'au-delà de cette distance la navigation doit être absolument libre, à moins qu'il n'y ait des traités particuliers entre les souverains ; mais au-delà de cette limite, vouloir par infraction à ces traités et s'attribuer l'empire de la mer et le salut du pavillon, c'est une tyrannie ou l'effet de la force, ou le ſupposer être dû par une ancienne usurpation ; c'est une ambition insensée, c'est aussi ce qui jeta un ridicule éternel et universel sur le manifeste que publia au mois de mai 1689, Guillaume, prince d'Orange, usurpateur du trône d'Angleterre, lorsqu'il déclara la guerre à la France, manifeste d'ailleurs, si indécent et si injurieux, qu'il révolta les puissances même les plus jalouses de la grandeur et de la prospérité de Louis XIV ; on voit dans ce manifeste que cet usurpateur, tyran de son beau père Jacques II, ne craignit point d'employer pour dernier motif, *que le droit de salut du pavillon qui appartient à la couronne d'Angleterre a été disputé par son ordre, ce qui tendroit à la violation de sa souveraineté sur la mer, laquelle dit cet usurpateur a été maintenue de tout temps par ses prédécesseurs, et qu'il est aussi résolu de maintenir pour l'honneur de sa couronne et de la nation anglaise ; risum teneamus amici.*

La jalousie inquiète de Guillaume, pour l'honneur du pavillon d'Angleterre, s'était sans doute réveillée à l'occasion de l'ordonnance du 15 avril 1689, que Louis XIV venoit de rendre, par laquelle en ajoutant aux réglemens qu'il avoit déjà faits au sujet du salut en mer, non-seulement avoit défendu à tous officiers commandant ses vaisseaux, de saluer les premiers les vaisseaux des autres princes portant des pavillons égaux aux leurs ; mais encore leur en joignoit, au contraire d'exiger d'eux le salut et de les y contraindre par la force s'ils en faisaient difficulté en quelles mers ou côtes que se fît la rencontre, articles 5 et 6 du titre premier de cette ordonnance. On conçoit aisément que la fierté anglaise en dut être humiliée, puisque au lieu du salut du pavillon qu'elle exigeoit des vaisseaux de guerre de France, les commandans de ces mêmes vaisseaux avaient ordre de forcer la marine royale anglaise de saluer la première les vaisseaux français ou de se voir forcée d'engager des combats continuels, pour soutenir le droit chimérique de l'empire des prétendues mers britanniques, tant sur les côtes qu'en pleine mer.

Louis quinze par son ordonnance concernant la marine, du 25 mars 1765, suivant les traces de son bisaïeul, confirmant celle de 1689, tit. 22, concernant le salut non du pavillon mais du canon seulement, s'exprime ainsi article 256, « déffend sa majesté aux « commandans et capitaines de ses vaisseaux « et autres bâtimens de saluer aucune place « maritime et forteresse étrangère qu'ils ne « soient assurés que le salut leur sera rendu; « ordonne en même-temps auxdits comman- « dans et capitaines de ses vaisseaux de s'in- « former exactement avant de saluer, com- « bien les officiers généraux de même grade « ou capitaines appartenans aux mêmes états « couronnés ont tiré de coups, et combien il « leur en a été rendu, afin d'exiger les plus « grands honneurs. »

On voit par les dispositions de ces articles, que non seulement les vaisseaux français passant sur la ligne imaginaire des côtes de l'Angleterre, n'accordent pas le salut aux forteresses anglaises sans être assurés que les commandans de ces places leur rendront les mêmes coups de canon, mais encore les plus grands honneurs; d'où résulte la conséquence que les rois de France ont non seulement regardé les prétentions des rois d'Angleterre, comme une forfanterie, mais ont au contraire exigé sur leurs côtes les plus grands honneurs, ce qui supposerait la souveraineté de la mer appartenir aux français, si par impossible elle pouvoit exister.

A l'égard de la rencontre des vaisseaux de guerre par ceux de nos rois, loin de déférer au salut du pavillon exigé par l'Angleterre même en pleine mer, où dans les prétendues mers britanniques, Louis quinze s'exprimant génériquement, veut que lorsque ses vaisseaux portant pavillon, rencontreront ceux des autres puissances portant des pavillons égaux aux leurs, les français exigent d'être salués les premiers, *en quelque mer que se fasse la rencontre*. Et si un vaisseau portant pavillon est salué par un vaisseau étranger à grade égal, il soit rendu coups pour coups seulement, et en grade inférieur deux coups de moins, articles 257 et 258.

Sous Louis treize, on observoit de ne jamais abattre le pavillon royal pour saluer; en cas que ses vaisseaux fussent contraints de ce faire, ce prince avoit ordonné de se défendre : ainsi les français n'ont jamais adhéré à la prétention des rois d'Angleterre qui ont voulu exiger que lorsque les vaisseaux de guerre de France passent devant leurs forteresses, de même lorsqu'ils rencontrent leurs vaisseaux de guerre, d'abattre leur pavillon et qu'on arrive le grand hunier, ce qui seroit une marque d'obéissance et de deshonneur pour la nation française trop brave pour le souffrir.

La liberté de la pêche est aussi de droit naturel, du droit des gens et du droit civil tout ensemble, par la raison, comme je l'ai déjà dit que la mer est commune à tous les hommes de même que l'air; *inst. de rerum divisione* 15, 10. *Et leg. injuriarum*, 13, 15. *Si quis me prohibeat ff. de injuriis.* D'où il suit que les rois d'Angleterre ne peuvent l'empêcher sous le faux prétexte de l'empire de la mer. Une vérité aussi fondamentale n'a pourtant pas toujours fixé les esprits, tant la vanité, la cupidité et l'ambition sont fertiles en ressources; à l'aide des subtilités et de la part des Anglais par la force des armes. Cependant il est certain que la pêche au-delà des bornes naturelles de chaque puissance, doit être libre à toutes les nations, les poissons ne peuvent être regardés comme animaux domestiques. Ils n'appartiennent à personne, ils sont passagers, et ceux qui sont aujourdhui proche du rivage, le quittent un moment après; le matelot qui le tire du sein de l'eau ne fait aucun tort au souverain, et rien n'est plus à lui que ce qu'il trouve dans ses filets. *Quod rete atque hami nacti sunt meum potissimum est.* Le pêcheur fait volontairement un travail dangereux qu'il abandonneroit si on lui ôtoit son bénéfice par des lois bursales. La pêche des rivières est à la vérité interdite aux particuliers, mais cet exemple féodal ne peut être tiré à conséquence parce que les rivières sont étroites et bornées et que la diminution du poisson que le pêcheur prendroit feroit tort aux propriétaires riverains. Quant à la pêche sur les côtes de la mer, il faut avouer que l'usage contraire a prévalu en divers endroits malgré le droit naturel, et que plusieurs souverains s'attribuent une certaine étendue des droits de la mer proche de leur rivage, sur laquelle ils imposent des tributs, notamment le roi d'Angleterre qui leur donne une distance révoltante, aussi étoit-ce une des raisons qui dans le dernier siècle occasionna une guerre sanglante entre cette puissance et les Hollandais. Ces derniers soutenoient qu'on ne pouvoit faire acheter une liberté commune à tous les hommes et que si quelques souverains se l'étoit réservée, l'ancien usage des nations, sans exception, devoit prévaloir, et que quand même les peuples auroient cédé quelques droits aux rois, il falloit au moins en borner l'étendue. Les jurisconsultes Anglais poussoient ce droit jusqu'à cent mille pas du rivage, mais il est évident qu'on ne doit pas l'étendre au-delà de la portée du canon, puisque l'autorité ne doit point aller plus loin que le pouvoir d'incommoder les pêcheurs en tirant sur eux du rivage. Les Hollandois ajoutoient qu'il y avoit une différence évidente entre ceux qui en abordant les côtes en intimidoient les habitans, et ceux qui tiennent la pleine mer, les premiers peuvent être chassés par la force armée, lorsqu'ils deviennent ennemis ou suspects, mais les autres qui sont libres et sans armes, ne peuvent être sujets à l'injustice des visites. Qu'il faut encore distinguer le temps de guerre et de paix, les ennemis peuvent être poursuivis en tous lieux pendant la guerre, mais que c'est violer les droits naturels que d'exercer des violences pendant la paix et l'union subsistante encore. Nul souverain ne doit troubler la pêche sur aucune côte, ni la navigation en pleine mer.

J'ignore comment après une guerre aussi sanglante et opiniâtre fut terminé ce fameux procès, et à laquelle des deux nations resta le champ de bataille sur la plaine liquide, mais j'aurois opiné en faveur de toutes les nations pour une parfaite égalité de droits sur un élément qui ne peut avoir d'autre maître que tous les humains navigateurs, en effet, la pêche et la chasse sont les deux moyens d'acquérir que les hommes ont depuis l'origine du monde, l'un et l'autre furent le premier art que la nature enseigna aux hommes pour se nourrir : la pêche continua d'être permise à tous les mortels par le droit des gens, non seulement dans la mer, mais aussi dans les fleuves, rivières, étangs et autres amas d'eaux. Le droit civil ayant ensuite distingué ce que chacun possédoit en propriété, il ne fut plus permis de pêcher dans les étangs et viviers d'autrui, mais seulement dans la mer et dans les fleuves et rivières dont l'usage appartenait au public. Je ne me livrerai pas à la discussion du droit civil sur la partie de la pêche dans les étangs et rivières qui ne sont pas de mon sujet, dont cependant je crois que l'usage devroit être permis à tout le monde, en fixant néanmoins la qualité des mailles des rets pour éviter l'épuisement de l'espèce et la conservation du frai. Il me suffit d'avoir démontré que la pêche dans la mer, l'espace sous la portée du canon excepté, doit appartenir à tous les hommes, suivant le droit naturel. A l'égard du salut du pavillon prétendu par les rois d'Angleterre par les vaisseaux navigans sur les prétendues mers Britanniques, j'en ai aussi prouvé l'illusion comme résultant d'un empire qui ne peut appartenir à personne; or, comme l'usage de leurs forces est une vraie tyrannie, je crois que toutes les puissances maritimes doivent se réunir à la nation française pour contraindre les Anglais à y renoncer expressément par un traité de paix avec toutes les puissances nautiques, ou sur leur refus, armer puissamment pour anéantir la fière Albion et la contraindre de laisser en paix tous les navigateurs. La nation Française livrée à elle même, peut encore l'entreprendre, je vais le démontrer.

En traitant une matière aussi importante, j'ai osé critiquer *Selden mare clausum*, et *Grotius mare liberum*, parce que je me suis convaincu, qu'ils ont mis dans leurs écrits trop d'esprit et pas assez de véritables moyens pour appuyer leur défense respective. La passion les a entraînés, et ils ont poussé trop loin l'animosité de parti de nation à nation : j'ai épuisé les auteurs nautiques pour balancer leur système, et je me suis fixé à une juste modération, en ne négligeant pas néanmoins la défense légitime de ma patrie; je laisse à des hommes plus instruits que moi, à discuter et développer ce que je ne viens que d'ébaucher. Je m'estimerai trop heureux si j'ai pu contribuer à éclairer mes concitoyens sur leurs droits; je passe au second objet que je me suis proposé.

La question que je viens de traiter ne la jamais été que je sache par aucun auteur français; mon travail porte donc seulement avec lui la faveur de la nouveauté. (*multa paucis.*)

Formation d'une marine française, égale à celle des rois d'Angleterre, même supérieure, pour détruire sans retour leur prétendu empire de la mer, faire respecter notre pavillon, et rétablir la liberté du commerce et de la pêche.

Un seul nom de formation d'une marine nationale, égale, même supérieure à celle des Anglais; il me semble entendre une voix générale de tous mes concitoyens, s'élever contre ce projet patriotique, ils le traiteront de rêverie, d'impossibilité; heureux encore si on m'épargne le terme de folie ou d'ineptie; les gens sensés se donneront la peine de me lire jusqu'au bout pour écarter la prévention ; le peuple entousiaste par état l'adoptera sans réflexion. Les ames fortes, les républicains me sauront un gré infini de mon zèle. Ceux qui aiment véritablement leur patrie en désireront l'exécution, et ne seront embarrassés que des moyens qu'ils présumeront moralement impossibles. Les riches parvenus plus égoïstes que patriotes, craindront pour une portion de leur fortune, acquise par des voies au moins indirectes. Les républicains ruinés appréhenderont l'augmentation de l'impôt sur le reste de leur fortune ; les propriétaires déjà grevés par leurs pertes seront effarouchés. Ceux enfin qui ont un véritable amour de leur patrie, feront avec plaisir des sacrifices pour détruire la fière Albion ou au moins l'humilier. Je prie tous les Français de suspendre leur jugement, de calmer leurs craintes ; et si je ne puis les persuader et les convaincre, qu'il me soit permis de les instruire, et de leur citer l'exemple des Romains, qui se sont trouvés à peu près dans la même position que la république française. J'entrerai ensuite dans un aperçu de mon plan, que mon zèle pour l'honneur du pavillon français, et pour la prospérité de la république m'a fait concevoir.

Après plusieurs batailles gagnées sur les Carthaginois, et la prise de l'île de Malthe par Scipion; le trésor public se trouvant épuisé par les dépenses énormes qu'il avoit fallu faire en Italie contre Annibal, et le peuple étant foulé de la double taxe qui se levoit; les Romains ne savent plus comment fournir à l'entretien des flottes et armées navales, sans lesquelles toutefois, il voient bien qu'il était impossible, non-seulement de faire de nouvelles conquêtes, mais encore de conserver celles déjà faites. Le principal objet étant la solde des mariniers, et leur augmentation en nombre.

Les consuls déliberant alors sur la situation de la république, proposèrent de rendre une ordonnance qui eut lieu, par laquelle il fut décidé que, celui dont les biens, ou ceux de son père, seroient estimés sous la censure de L. Emilius, E. C. Flaminus, de cinquante à cent mille acres, c'est-à-dire, de 500 à mille écus, ou qui auroit augmenté ses biens jusqu'à cette valeur, payeroit un matelot pour six mois; que celui qui auroit une valeur de mille à trois mille écus, payeroit trois matelots pour un an; de trois mille à dix mille écus, en payeroit cinq aussi pour un an; et au-dessus de dix mille écus, en payeroit sept pour le même temps. Cette cotisation à laquelle le peuple ne contribuoit nullement, apporta une resource considérable aux affaires de la guerre de terre et de mer. Car *L Manlius*, prêteur, ayant fait une descente dans la Sardaigne, avec tout ce qu'il avait d'hommes à bord de sa flotte, jusque même aux matelots qu'il arma, défit 30 mille Sardes, qui demeurerènt sur la place outre 13 mille prisonniers insulaires ; et peu après, douze mille Carthaginois, qui étoient venus leur prêter secours ensemble, 3700 prisonniers entre lesquels se trouva *Asdrubal*, général de l'armée, et *Hanno* et *Mago*, ses principaux capitaines. Par ces deux victoires, toute la Sardaigne subit le joug des Romains, aussi-bien que presque toute l'Espagne, par d'autres batailles que P. et En. *Scipion frères*, gagnèrent sur un autre *Asdrubal* frère d'Annibal, qui pour lors ravageoit toute l'Italie. C'est ce que produisit la cotisation fixée par les consuls, payée sans murmurer par les citoyens romains, passionnés pour leur république.

Le second exemple de l'amour de la patrie, que nous fournissent les Romains, se manifesta avec le plus grand zèle et le plus véritable dévouement à l'occasion que je vais rapporter.

C. N. Scipion ayant vaincu les Carthaginois sur mer, prit la plus grande partie de l'Espagne et les îles Baleares; (c'est-à-dire,

Majorque et Minorque), et s'étant emparé de toute la mer d'Espagne, défit Philippe, roi de Macédoine et prit les îles de Zante, Œniade et Naxer; le trésor public se trouva encore dans l'impossibilité de fournir aux dépenses courantes, mais absolument nécessaires pour l'entretien des armées navales et la défense des côtes. Le peuple murmurant d'ailleurs par l'impossibilité de fournir les sommes destinées à ces frais fort urgens; le sénat convaincu du danger où se trouvait la république, s'il n'y étoit promptement pourvu, aima mieux se sacrifier que de fouler le peuple. Il donna tout ce qu'il avoit d'or et d'argent monnoyé ou non monnoyé, même la monnoie de cuivre, sans se réserver que les bagues d'or que les femmes nobles portaient pour marque de leur noblesse, et quelques tasses d'argent pour le service divin, et mille asses; (c'est-à-dire environ 100 écus) de notre monnoie de cuivre; l'ordre des chevaliers ne voulant pas être moins généreux que le sénat, suivit son exemple, et le menu peuple s'efforça d'imiter les deux premiers : Français, je dois vous faire connaître quel fut le fruit de ce noble désintéressement, de ces grands sacrifices. Scipion fit voile vers l'Afrique, obligea les Carthaginois à lui livrer tous leurs vaisseaux & à recevoir de lui les conditions

conditions qu'il voulut, les força de se soumetre et d'envoyer à Rome pour traiter de la paix.

Français, tel sera le sort de la fière Albion, si vous faites les mêmes sacrifices, si vous contribuez à l'établissement d'une marine formidable ; mais reprenons mon projet pour sa formation et son entretien tant en guerre qu'en paix.

Formation de la marine nationale.

C'est sur l'océan que se frappent à présent les grands coups d'état ; aujourd'hui les nations qui deviennent les plus puissantes sur cet élément, se rendent les plus formidables sur l'autre. Il n'y a plus de petites fautes dans cette partie de l'administration politique ; le moindre avantage une fois perdu ne se répare que par des soins et des peines incroyables; c'est la seule chose, dit l'auteur de la grandeur et de la décadence des Romains, à laquelle l'argent seul ne peut pas remédier ; la république française, sans marine, doit nécessairement s'affaiblir ; le pouvoir combiné seulement par la force de terre, est une très-grande faute en politique. Le cardinal de Fleury, sous Louis XV, en se bornant à la puissance des troupes de terre, a perdu la France; et si Louis XIV et Louis XV ont essayé de former une marine sans un plan décidé et suivi, elle a disparu par l'effet de la supériorité des Anglais, et par le défaut d'une sage administration, ainsi que d'un plan soutenu pour son augmentation et entretien; elle a seulement occasionné des dépenses énormes sans produire aucun fruit, parce qu'elle a été mal organisée, mal entretenue, opérant sans objet déterminé, et qu'enfin elle a péri sans avoir soutenu l'honneur du pavillon français. Que ces fautes, que ces erreurs des ordonnateurs nous instruisent; choisissons des chefs pour la construction, l'armement, l'équipement, avitaillement et direction pour les ordres et instructions, qui connaissent parfaitement la partie maritime: du choix des hommes dépend toujours le salut public; formons ensuite notre marine.

Depuis un siècle la force de l'Angleterre s'est montrée trop formidable sur mer, pour ne pas avoir réveillé notre gouvernement de cet état d'assoupissement où il a continué de se trouver depuis cette époque. Notre administration a souvent jeté ses regards sur cette branche importante; mais notre puissance en mer a-t-elle augmenté? Avons-nous aujourd'hui une marine plus considérable? La chose, quoiqu'on en dise, sera toujours impossible lorsque nous ne changerons pas le fond de notre systême général. La politique chez nous aura beau se replier et chercher ce qu'on appelle des moyens, nous n'aurons jamais une marine proportionnée à celle de l'Angleterre, fixe et stable dans tous les temps, si par un généreux effort, si par de grands sacrifices la nation française ne se porte point à l'établir irrévocablement ; ce n'est pas ici le moment de présenter les moyens de la formation de cette marine, d'établir par quels ressorts puissants et doux la nation peut y parvenir; ce n'est qu'au gouvernement auquel je doive le communiquer, lorsque pénétré de la nécessité absolue de la créer et de l'entretenir pour faire respecter le pavillon français et protéger notre commerce, il jugera à propos d'être instruit.

Je sai qu'il ne suffit pas de construire des vaisseaux, ce n'est pas là ce qui serait le plus difficile; le fort du systême d'une marine française tombe sur les moyens de l'entrenir. Ce n'est point le trésor royal en Angleterre qui entretient la marine, cette partie de son administration va par d'autres ressorts; elle a un mouvement antérieur à la caisse militaire maritime; le commerce seul peut entretenir une marine et la faire fleurir; toute navigation qui n'aura pas ce fondement sera précaire. Les ressorts dont je viens de parler méritent un développement, cette tâche doit concerner *le ministre de la marine* ; l'homme privé doit respecter le systême, le plan inconnu du gouvernement pour cet entretien si nécessaire, si utile au bonheur de la nation qui doit être sa suprême loi. Je dois donc, quant à présent, m'occuper seulement des questions suivantes, et cela brièvement; car je ne prétends pas faire un traité méthodique de tous mes moyens pour former et entretenir une marine formidable sans épuiser nos finances ni charger les peuples; je vais seulement examiner,

1°. Si la république française possède dans son sein tout ce qui est nécessaire à la construction des vaisseaux de guerre sans aucun recours aux nations étrangères;

2°. Sa situation en europe pour embrasser un plan général d'attaque, de défense et de commerce;

3°. Si la population est telle qu'elle puisse fournir cent mille matelots et autres gens de mer sans affaiblir les forces de terre;

4°. Si les denrées de son crû peuvent occuper autant de vaisseaux de transport que l'Angleterre.

Ces quatre questions discutées, approfondies et démontrées pour l'affirmative, sans même leur donner une étendue trop considérable, suffiront à mon zèle pour la conservation et l'accroissement de la république; il restera au gouvernement la tâche glorieuse de développer mon ébauche, *en choisissant des hommes instruits des matières maritimes et dignes de sa confiance.*

PREMIÈRE QUESTION
Et mes réponses.

Les bois pour la construction et pour les matures des vaisseaux, sont en France très-abondans, tant dans les forêts des particuliers, que dans les nationales. L'auvergne, le Limousin, et sur-tout les montagnes des Alpes et des Pyrénées, en fourniront avec profusion; ces dernières ont soixante lieues de long, sur six, sept, même huit lieues de large. Il est facile de rendre l'Auriège et les Gaves navigables en peu de temps; les routes d'ailleurs y sont très-praticables; on a déjà extrait des bois de ces montagnes sous Louis Quinze, ils sont d'une excellente qualité. J'ai parcouru ces immenses forêts, dont les habitans coupent sans discernement les bois les plus précieux, tant pour leur chauffage que pour la construction de leurs maisons ; nous n'avons donc pas besoin de tirer des bois du nord pour notre marine. C'est au gouvernement à envoyer sur les lieux des hommes éclairés, pour en faire la vérification et en rendre compte ; une partie des troupes dont la paix occasionnera la réforme, pourrait être employée à l'instar des Romains, pour l'extraction de ces bois et matures. C'est dans de pareilles circonstances, que les troupes romaines contribuèrent de leurs bras à beaucoup de travaux publics, dont les restes font encore l'admiration de toute l'Europe.

Les mines de fer, de cuivre et de plomb sont très-abondantes en France ; les montagnes de l'Auvergne, les Pyrénées, les Alpes, et autres lieux de la France en sont remplies, il ne s'agit que de les exploiter. J'en ai jugé par moi-même, je les ai parcourues. Mon auteur en a fait exploiter plusieurs dans les vallées d'Aspe, Aussun et autres. La monnoie de Billon, du Béarn, de la Navarre, de la Soule, du pays des Basques, provient de ces mines et portent pour legende, ces mots : *produit des mines de France* ; les compagnies de Remusat, Gallabin et Poncet mon père, s'y sont ruinés, par la cherté de la main d'œuvre, et le défaut de secours de l'état, quoique très-intéressé à soutenir cette exploitation en grand ; le gouvernement au contraire, peut y employer les condamnés aux fers et autres peines, pour délits qui ne vont pas jusqu'à celle de la mort. Les Romains y employèrent les troupes, les malfaiteurs. La mine d'Iridé, dans le Roussillon, est la plus abondante qu'il y ait en France. Les galleries ouvertes par les Romains sont d'une largeur et d'une hauteur de plus de trente pieds. L'histoire rapporte qu'ils en tirèrent une table d'or pur pour douze couverts ; je l'ai vue et examinée moi-même, elle est très-abondante, de facile extraction ; elle produit du cuivre, et par le départ, on en tire de l'or et de l'argent. Le plomb est très-abondant du côté du Roussillon, près de la ville d'Arles, et nombre de galleries y sont ouvertes. La gangue y est d'un blanc à éblouir dans les mines de cuivre et dans toutes les montagnes des Pyrénées ; elles paroissent même à l'extérieur. Les bords des chemins en sont remplis. Nombre de villages, tant dans les plaines resserrés, que sur la croupe des montagnes, offrent des emplacemens faciles à établir ; et le Gave qui roulle ses eaux dans le fond des vallées, présente lors de la fonte des neiges, un moyen de transport pour les bois, et en tout temps pour le chaidage des mines; au moyen des bocards, placés sur les rivières, ces travaux nous fourniraient tout le nécessaire pour la construction, sans aller en chercher à grand frais chez l'étranger.

IIe. QUESTION.

Le territoire de la république est placé de façon à former et étendre un commerce maritime, rivalisant les autres puissances.

Il est de fait, que notre proximité avec les états qui servent de grenier aux nations auxquelles il manque la substance du premier besoin, notamment l'Espagne et le Portugal, nous donnent un grand avantage sur les autres puissances maritimes; nos ports de la Méditerrannée sont contigus à ceux d'Italie; nous sommes plus près de la Sicile et de la Barbarie que les Anglais et les Hollandais, qui se sont emparés de ces transports: avantage qui peut seul décider de notre supériorité sur tous les autres états maritimes; personne n'est plus à même que nous de naviguer pour les autres peuples; nous sommes au centre de la navigation de l'Europe. Il n'y a aucun gouvernement dans le monde politique, qui ait autant de facilité pour se rendre le maître des deux mers ; nous avons dans l'un et dans l'autre une quantité prodigieuse de ports.

Les Hollandais n'en ont pas un seul dans la Méditerrannée ; les Anglais n'en ont pas de considérables ; notre position nous donne l'empire maritime pour le commerce ; nous avons autant d'avantage sur l'Océan que sur la Méditerrannée ; ces deux mers mouillent également les côtes de la république.

Nous pouvons diviser notre marine en deux branches, dont les interêts et les vues séparées, peuvent avoir des objets différens. Les Anglais, les Hollandais et généralement tous les peuples du nord, qui font le commerce sur l'une et l'autre mer, ne peuvent se dispenser de venir reconnoître le détroit de Gibraltar ; nos denrées peuvent au contraire être transportées sans passer par le détroit ; le canal du Languedoc et la Garonne joignant les deux mers, nous donnent cette facilité, ce qui, dans le cas de guerre, est pour nous un avantage considérable ; d'un autre côté, notre climat est un des plus favorables de l'Europe pour la navigation.

En Hollande et dans plusieurs états du nord,

la mer n'est pas navigable dans toutes les saisons ; les glaces empêchent leurs vaisseaux d'aborder dans certains ports, pendant plusieurs mois de l'année. L'Angleterre n'a pas à la vérité tant d'inconvéniens, mais elle en a. Nous n'en connoissons point en France, notre ciel doux et tempéré permet à nos vaisseaux d'entrer et sortir librement de nos ports dans toutes les saisons de l'année. Les Anglais et sur-tout les Hollandais, sont plus long-temps à la mer que nous ; nos vaisseaux font cinq voyages contre eux quatre, ce qui sur le total de la navigation, nous assure une avance et un bénéfice considérable.

IIIe. QUESTION.

La population de la république peut-elle fournir cent mille matelots, sans affoiblir les forces de terre ?

Outre la multitude de bons matelots, mariniers, et autres gens de mer experts à la navigation, tels que sont les Normands et Bretons, spécialement les Diepoix, Malouins, Rochelais, Olonais, Basques, Provençaux, Languedociens. Le rappel de ceux qui servent chez l'étranger ; nous avons une innombrable jeunesse depuis douze ans jusqu'à seize, que nous pouvons mettre à bord pour en faire des mousses, qui deviennent ensuite d'excellens matelots, même des officiers de navire, qui se familiarisent avec la mer, d'où l'on peut conclure, que sans nuire au complet des troupes de terre, on peut avoir non-seulement cent mille matelots, et beaucoup de troupes de débarquement, [illegible] cet état, la question de savoir si notre population est suffisante pour former un corps certain de matelots, capables de faire face à la marine anglaise est décidée ; et calcul fait, il deviendra même certain, en faisant faire en peu de temps le recencement des matelots, et gens de mer, actuellement existant et celui des citoyens au-dessus de douze ans jusqu'à seize. L'Angleterre, au contraire, n'a que huit millions d'habitans, et cent mille gens de mer. La république française en avoit environ vingt-cinq millions avant la révolution. Supposons même qu'avec ses conquêtes, elle n'en a que dix-huit, il en résultera que nous pouvons mettre en mer, au moins deux cent mille mariniers, sur-tout depuis la destruction des monastères et la diminution du clergé. Je sai bien que plus un état a d'habitans, plus les autres possessions qui servent au luxe et au besoin de la société sont nombreuses ; mais néanmoins, tout calcul fait, dans un grand état comme dans un moindre, il y a une population relative dans chaque classe, et comme un équilibre d'hommes dans tous les ordres.

Il y a dans la république, cent quarante-quatre mille communes ou environ, que chacune fournisse seulement un mousse ou matelot à la marine, nous aurons outre l'ancienne masse un nombre de mariniers supérieur à l'Angleterre; nous pouvons réformer cinquante mille hommes de troupes de terre sans exposer notre puissance, et les employer au service de la marine : cette opération devient absolument nécessaire si le gouvernement veut bien considérer qu'avant la révolution toutes les combinaisons de force étaient pour la terre, et qu'actuellement il faut les diriger pour la mer

Depuis cent ans, la plupart des souverains de l'Europe ont changé leur systême politique, il n'y a que nous qui n'avons pas changé le nôtre, nous avons vu la Hollande et l'Angleterre augmenter le nombre de leurs vaisseaux et celui de leurs gens de mer, suivons leur exemple, nos troupes de terre sont trop nombreuses, celles de l'Angleterre et de la Hollande ne vont guerre au-delà de cinquante mille hommes, c'est cependant de la combinaison bien ou mal entendue, que dépend la force ou la foiblesse d'un état ; c'est parce-que l'Angleterre a une petite armée de terre, qu'elle en a une formidable sur mer ; c'est au gouvernement à apprécier mon systême politique, que je ne fais qu'ébaucher pour lui laisser le soin et la gloire de le développer ; j'ajoute en finissant sur cette question que je pourrois étendre, que je ne dis pas que la république doit diminuer ses forces, mais les partager, il faut que son pouvoir soit toujours le même, mais la combinaison de sa puissance, différente.

IVe. QUESTION.

Les denrées de notre crû, peuvent-elles occuper autant de navires marchands que l'Angleterre ?

La France a cent cinquante millions d'arpens de terre, d'où résulte une énorme production de laquelle nous pouvons exporter une partie considérable, nos greniers publics approvisionnés pour un an.

Nos vins et nos eaux-de-vie sont devenus la boisson chérie de tous les peuples de l'Europe, nos fruits forment une branche de la navigation, savoir nos prunes, nos amandes, nos figues, nos marrons, les raisins secs ; notre sel forme un objet très-considérable, nos manufactures, nos arts, nos modes et leur variété; nos chanvres, nos lins et une infinité d'autres objets de besoin et de luxe peuvent, quand nous voudrons, occuper plus de mille navires. Enfin, car je ne veux donner qu'un aperçu, *un acte de navigation bien combiné*, *dirigé vers la structure de l'édifice de notre marine nationale et commerçante*, sera le thermomètre de la fortune publique, à laquelle, si je puis m'exprimer ainsi, chaque nation de l'Europe mettra d'elle-même une pierre. Voilà, gouvernans et gouvernés, mon systême, dirigé par mon amour pour la patrie, mon dernier conseil consiste à vous engager *de ne rien donner à la protection*, *mais au contraire*, *tout au mérite réel*, *dans chaque partie de l'administraion publique.*

FIN.

www.ingramcontent.com/pod-product-compliance
Lightning Source LLC
LaVergne TN
LVHW020037170826
845678LV00001B/290
* 9 7 8 2 3 2 9 6 9 4 9 1 7 *